Is maith linn patrúin!

Clár

Is Maith Linn Patrúin!

Amy Algie a scríobh   Grianghraif le Mary Foley

Úsáid Iad Seo:

Tá mé ag stampáil.

5

Tá mé ag séideadh.

7

Tá mé ag priontáil.

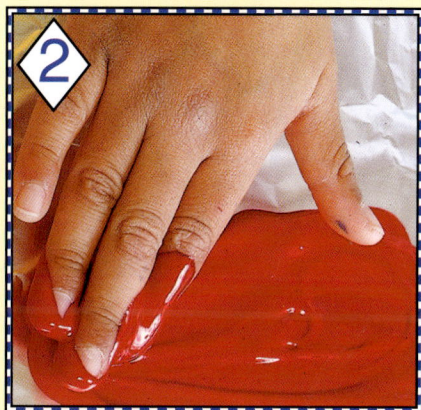

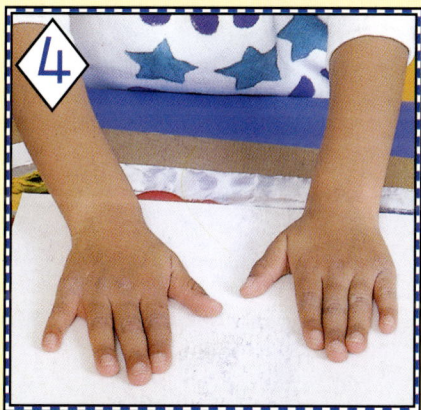

9

Tá mé ag fí.

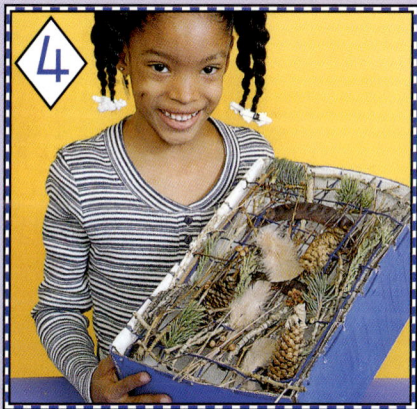

11

Tá mé ag cuimilt.

13

Tá mé ag péinteáil.

15

Is maith le páistí patrúin.

16

Déan Císte agus Scéalta Eile
Lá Breithe Sona
Is Maith Linn Patrúin
Ag Dul ar Scoil
An Fear Sneachta

Amy Algie a scríobh
Grianghraif le **Mary Foley**

© 2000 Shortland Publications
Gach ceart ar cosaint.

Arna fhoilsiú sa Nua-Shéalainn
ag Shortland Publications,
10 Cawley Street, Ellerslie, Auckland.

Arna fhoilsiú sa Ríocht Aontaithe ag
Kingscourt/McGraw-Hill, ainm trádála de chuid
McGraw-Hill International (UK) Limited,
Shoppenhangers Road, Maidenhead, Berkshire, SL6 2QL.

An leagan Gaeilge 2001
Arna fhoilsiú ag:
An tÁisaonad Lán-Ghaeilge,
Coláiste Ollscoile Naomh Muire,
191, Bóthar na bhFál
Béal Feirste BT12 6FE
Éire

Foireann: Seán Mac Corraidh, Gabrielle Nig Uidhir, Máire Uí Éigeartaigh, Pádraigín Ní hAdhráin, Eibhlín Mhic Aoidh, Deirdre Ní Chinnéide, Fionnuala Nic Oitir agus Pól Mac Fheilimidh.

Arna chlóbhualadh ag Colorcraft, Hong Cong
ISBN: 0-7901-2835-7

Tá mé ag stampáil.
Tá mé ag priontáil.
Tá mé ag péinteáil.
Is maith le páistí patrúin.

ISBN 0-7901-2835-7